AF326447

À mon ami Edouard GUÉRINI

TRAITÉ
D'INSTRUMENTATION

APPLIQUÉ

aux Orchestres

d'Instruments à vent

PAR

Léon DETHOU

Prix 12ᶠ

PARIS

E. COLLET, Éditeur de Musique, 35, Rue du Caire

AVANT-PROPOS

Cet ouvrage est destiné aux chefs de musique militaires et civiles, comme les orchestres qu'ils dirigent sont destinés à se faire entendre en plein air, je ne parlerai que des instruments assez sonores pour pouvoir se faire entendre au milieu de tout l'orchestre dont ils font partie. Je traiterai non seulement les instruments actuellement employés dans les musiques militaires, mais aussi de ceux qu'on pourrait y introduire avec avantage.

Ce traité sera surtout utile à ceux qui habitent en dehors des grands centres. Dans les grandes villes on trouvera facilement à se renseigner soit dans les traités d'Instrumentation et les Méthodes qui se trouvent dans les bibliothèques musicales, soit en consultant les virtuoses sur les instruments à vent.

Je dirai en passant, que les meilleurs traités d'instrumentation sont ceux de *Kastner* et de *Berlioz*. Malheureusement ils sont d'un prix fort élevé, tandis que celui-ci étant moins volumineux et ne traitant que des instruments employés ou à employer dans les orchestres militaires, est d'un prix bien inférieur.

Je divise cet ouvrage en deux parties: la 1ère traite des instruments à vent: la 2ème des instruments de percussion.

La 1ère se divise en: instruments à vent en bois, instruments à vent en cuivre. Les premiers se divisent en: instruments à embouchure latérale, instruments à anche double, istruments à anche simple. Les instruments à vent en cuivre se divisent en instruments à embouchure à bocal, instruments à anche *simple*.

Ces instruments sont presque tous chromatiques. Ainsi partout où je ne préviendrai pas du contraire, l'étendue sera chromatique dans la partie où elle sera représentée en noires. Les blanches indiquent au contraire que les notes comprises dans l'intervalle de ces blanches n'existent pas sur l'instrument.

Je fais suivre ces deux parties d'un appendice traitant de la composition des fanfares et musique d'harmonie et des qualités à exiger du chef de musique.

Les fanfares sont, comme on le sait, composées d'instruments à vent de cuivre, et d'instruments de percussion; on y ajoute si on veut la petite flûte.

Les musiques d'harmonie comprennent les mêmes instruments, plus les instruments à vent en bois.

Les notes surmontées d'un arc de cercle ne peuvent être employées que dans le solo. Les meilleurs notes sont les notes graves et celles du médium. Vu la lenteur des vibrations, il ne faut pas les employer dans des traits rapides. Ceci du reste s'applique aux instruments graves à plus l'instrument est grave et plus cette observation est de rigueur. Il ne faut guère donner à la clarinette basse, que des chants larges ou des traits d'harmonie.

LA CLARINETTE CONTRE-BASSE.

On en construit en *Fa* et en *Mi*♭. Cet instrument est peu usité, même à l'orchestre, bien qu'il pourrait produire un excellent effet soit dans l'orchestre ordinaire, soit dans une musique militaire. Si on voulait l'employer dans un orchestre d'harmonie, il faudrait prendre la clarinette contre-basse en *Mi*♭, voici son étendue et l'effet produit :

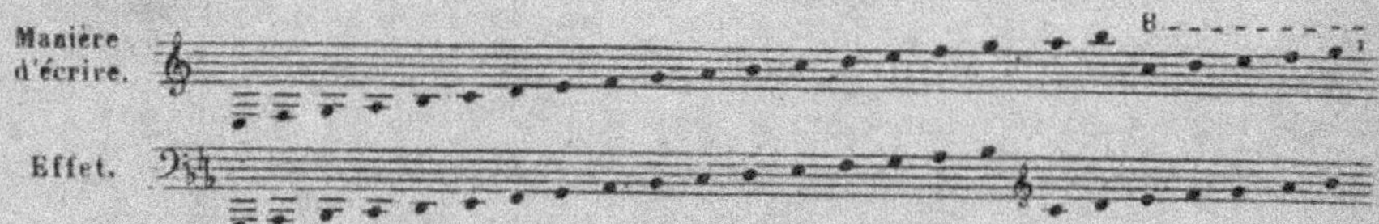

LA CLARINETTE BOURDON.

Cet instrument est à l'octave grave de la clarinette basse en *Si*♭. En voici l'étendue et l'effet produit. '

Ces deux derniers instruments ont été inventés par *Ad. Sax*. La lenteur de leurs vibrations ne leur permet pas d'émettre des sons rapidement. Il ne faut leur donner que des notes tenues ou des mouvements de basse (mais dans un mouvement lent). Dans ces conditions ils peuvent produire un très bel effet.

Les notes de la première octave de la clarinette bourdon et même les premières de la clarinette contre-basse sont d'une sonorité confuse. Il ne faut les employer qu'en doublant l'octave soit par d'autre clarinettes soit par d'autres instruments

Un très bel effet serait une belle harmonie religieuse exécutée par les instruments suivants :

Clarinettes soprani en *Si*♭	Saxophones aigus en *Mi*♭
Clarinettes altos en *Mi*♭	Saxophones soprani en *Si*♭
Clarinettes basses en *Si*♭	Saxophones altos en *Mi*♭
Clarinettes contre-basses en *Mi*♭	Saxophones ténors en *Si*♭
Clarinettes-bourdons en *Si*♭	Saxophones barytons en *Mi*♭
	Saxophones basses en *Si*♭
	Saxophones contre-basses en *Mi*♭

Deuxième Partie.

INSTRUMENTS À VENT EN CUIVRE.

Les instruments à vent en cuivre se divisent en deux sections: 1º instruments à anche. 2º instruments à embouchure-à bocal.

Les instruments à anche et en cuivre servent à lier les instruments à vent en bois à ceux en cuivre et à embouchure. Aussi vais-je commencer par les instruments à vent en cuivre et à anche.

INSTRUMENTS À VENT EN CUIVRE ET À ANCHE SIMPLE.

Les instruments à vent en cuivre et à anche ne comprennent qu'une famille à anche simple. Il n'y en a pas à anche double. Ce sont les Saxophones.

LES SAXOPHONES.

Le Saxophone est un instrument en cuivre et à anche simple. Tandis que le tube de la clarinette est cylindrique, celui du saxophone est conique. Il est percé de trous suivant les lois de l'acoustique: ces trous sont fermés par des clefs mus par un mécanisme dérivant du système Bœhm. Le nombre de ces clefs est considérable. Il varie de 17 à 22, suivant le saxophone dont il s'agit.

Comme les instruments à vent en bois, le saxophone ne peut être construit que dans un seul ton. Son étendue générale est la suivante.

L'étendue du saxophone peut au point de vue du timbre se diviser en trois parties distinctes: 1º les notes de la première octave sont d'un timbre onctueux et ont, dans les saxophones graves surtout une majesté qui n'est pas sans analogie avec certains jeux de l'orgue. 2º les sons de la 2ᵉ octave sont d'une pureté remarquable: 3º les dernières notes: sont, sur les saxophones aigus (soprano et aigu), perçantes mais sans aigreur: sur les saxophones graves elles ont qu'elle chose de pénible et de souffrant: aussi je ne conseillerais pas de les employer sur les saxophones graves à moins que l'on eut à produire un effet particulier.

Jusqu'à présent on n'emploie dans les musiques militaires que les saxophone suivants: soprano *Si♭*, alto *Mi♭*, ténor *Si♭*, baryton *Mi♭*; on pourrait y employer aussi avec avantage les saxophones aigus *Mi♭*, basse *Si* et contre basse *Mi♭*. Je vais traiter successivement ces divers instruments.

Ces instruments appartiennent aux fanfares ainsi qu'aux musiques d'harmonie.

Ces instruments sont de l'invention d'*Adolphe Sax*.

Je vais maintenant étudier séparément chaque instrument de cette famille.

SAXOPHONE AIGU EN MI♭.

Cet instrument à l'unisson de la petite clarinette en *Mi♭* a un timbre tout aussi perçant mais bien plus noble.

Voici son étendue et l'effet produit:

Manière d'écrire.

Effet.

4

L'effet produit est une octave plus élevée que la note écrite.

Exemple.

Petite flûte.　　　　　　　　　　　　　　　　Effet.

Cet instrument est aussi agile que les autres flûtes.

Même observation pour le mécanisme.

Il ne faut guère écrire de partie de petite flûte que pour les allegro; cet instrument produit rarement bon effet dans un mouvement lent

PETITE FLÛTE en *Ré♭*.

Cet instrument est à l'octave de la grande flûte en *Ré♭*. Son mécanisme, son étendue sont les mêmes que sur la petite flûte en *Ut*. Il est beaucoup plus employé que le piccolo en *Ut*, dans les orchestres militaires.

Au point de vue de la tonalité, même observation que pour la grande flûte en *Ré♭*.

Exemple.

Grande flûte en *Ré♭*. 　　　　　　　　　　　　Effet.

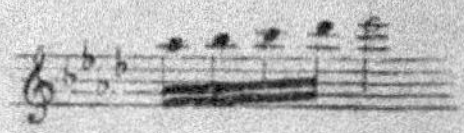

PETITE FLÛTE en *Mi♭* ou PETITE FLÛTE TIERCE.

Même étendue et même mécanisme que la petite flûte en *Ut*. Elle est à l'octave aigüe de la grande flûte tierce:

Exemple.

Petite flûte tierce 　　　　　　　　　　　　　Effet

Pour la tonalité, même observation que pour la grande flûte tierce.

Remarque générale. Les qualités à exiger du flûtiste sont les mêmes quel que soit le genre de flûte dont il joue.

DEUXIÈME SECTION.
INSTRUMENTS À VENT EN BOIS ET À ANCHE DOUBLE.

Cette section comprend une seule famille, celle du hautbois. Les instruments composant cette famille sont: le Hautbois, le Cor Anglais, le Basson, le Basson Quinte et Contre-Basson. Le Hautbois est, parmi tous ces instruments le seul employé dans les orchestres militaires; les autres en sont exclus à cause de leur faible sonorité qui ne leur permettrait pas de se faire entendre parmi les autres instruments. Je ne m'occuperai donc que du Hautbois.

LE HAUTBOIS.

C'est un instrument à anche double percé de trous qui se ferment par des clefs. L'effet produit est le même que la note écrite. Son étendue est la suivante.

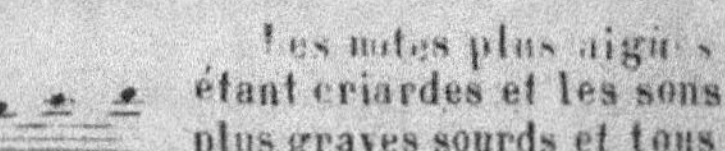

Mais l'étendue de la cantilène n'est guère que la suivante.

Les notes plus aigües étant criardes et les sons plus graves sourds et tous d'une assez mauvaise qualité.

Le hautbois peut exécuter les trilles; voici ceux qui sont ou impossibles ou trop difficiles et qu'il faut par conséquent éviter:

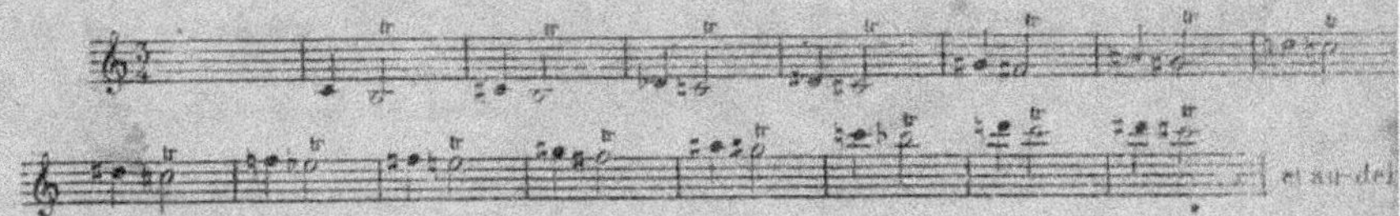

Quant aux traits rapides, on peut en exécuter un grand nombre sur le hautbois mais il vaut mieux les éviter, car ils sont d'un effet grotesques.   Voici ceux qui sont impossibles ou très difficiles:

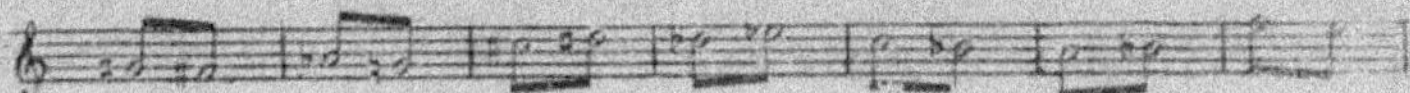

Le timbre du hautbois est tendre et agreste. Cet instrument convient admirablement aux mélodies tendres et naïves ou champêtres à cause de son timbre un peu nasillard. Il faut écrire très simplement, surtout dans les tons chargés de dièzes ou de bémols et surtout dans ceux ou se trouveraient le $Sol^\sharp$, $Fa^\sharp$, $La^\flat$, $Ut^\sharp$, $Re^\sharp$, $Re^\flat$, $Mi^\flat$, $Si^\flat$ du médium.

Cet instruments possède une sonorité assez faible, il ne faut donc pas chercher à les faire dominer dans les forté. On ne peut guère faire ressortir ses qualités que dans les cantabile ou les passages piano.

On n'écrit qu'une seule partie de hautbois dans les morceaux pour musique militaire, mais je conseillerais de doubler au moins la partie de hautbois à cause de sa faible sonorité.

Qualités à exiger du hautboiste. Le hautbois doit bien posséder le mécanisme de son instrument, jouer juste et savoir éviter les couics   le hautbois étant un instrument essentiellement mélodique, l'artiste qui en joue doit bien phraser.

On trouve dans beaucoup de morceaux pour harmonie ou fanfare des parties de basson; depuis qu'on a supprimé le basson dans les orchestres militaires, on fait jouer ces parties par le Saxhorn basse en *Ut*, l'Ophicléide basse en *Ut*. On pourrait également la donner à la Clarinette basse en $Si^\flat$ ou au Saxophone baryton en $Mi^\flat$, mais il faudrait alors transposer la partie.

TROISIÈME SECTION.

INSTRUMENTS À VENT EN BOIS ET À ANCHE SIMPLE.

Je n'aurai ici à traiter qu'une seule famille: les Clarinettes.

LES CLARINETTES.

La clarinette est un tube percé de trous et qui se joue avec un bec armé d'une anche simple.

Les trous se ferment par des clefs et des anneaux mobiles depuis que le système *Bœhm* a été appliqué aux clarinettes. La clarinette *Bœhm* est maintenant généralement adoptée; pourtant on trouve, en province surtout (1) des sociétés d'harmonie, qui par économie, ont des clarinettes ordinaires.

Les clarinettes soprani sont les seules employées en musique militaire. Comme il n'y a pas de raison pour ne pas introduire dans les orchestres militaires les clarinettes altos, basse et contre-basse, je traiterai également ces instruments.

(1) J'entends par en province, en dehors des grandes villes.

LE CORNET À PISTONS.

Est un instrument muni de trois pistons. Ces pistons servent à donner à l'instrument les notes qu'ils n'auraient pas sans eux.

Un tube ne donne que la note fondamentale et ses harmonique. Le jeu des pistons donne les autres notes.

Les divers tons du cornet sont: *Ut* aigu, *Si♭*, *La*, *La♭*, *Sol*, *Fa*, *Mi*, *Mi♭*, *Ré*. Le ton d'*Ut* n'est pas employé, il est trop fatigant, les plus usités sont *Si♭*, *La*, *La♭*, *Sol*, les autres tons sont trop sourds.

Voici l'étendue et l'effet produit des tons de *Si♭*, *La*, *La♭*, *Sol*.

Les notes surmontées d'un arc de cercle sont dures et d'une intonation difficiles; il faut les éviter dans le piano. Mais dans le forté on peut les donner en les amenant par degrés conjoints ou comme dernière note d'un accord parfait.

Exemple

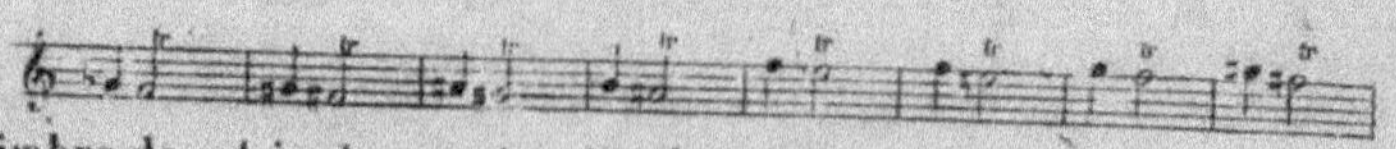

Le cornet en *Si♭* est le plus employé en musique militaire, mais on y emploie aussi les tons de *La*, *La♭* et *Sol*, quoique moins souvent. Il faut, pour le piston employer des tonalités peu chargées de dièzes ou de bémols, les tons favoris du cornet en *Si♭* sont: *Ut*, *Sol*, *Fa*, *Si♭*. puis viennent *Ré* et *Mi♭* et leurs relatifs mineurs.

Le cornet à pistons peut donner le double et triple coup de langue
Il peut exécuter des trilles sur la plupart des degrés de son échelle.
Voici les trilles qu'il faut éviter.

Le timbre de cet instrument est vulgaire; aussi ne devrait-on lui donner

que des chants distingués qui relève la trivialité de son timbre. Si au contraire,
la mélodie manque un peu de distinction, il faudrait alors unir les cornets à pistons aux clarinettes et saxophones qui effacerait le caractère trivial,

malheureusement dans les fanfares sans saxophones, on ne peut avoir recours à ce moyen.

On emploie, en musique militaire, cet instrument par 1er 2me et 3me. Quelquefois on y ajoute une partie de piston solo. Le premier piston exécute la mélodie;
le 2e joue à la tièrce, à la quarte au dessous du premier ou exécute un simple
accompagnement; parfois on l'unit au premier piston, le 3e piston exécute un
simple accompagnement.

LA TROMPETTE

Est un instrument de cuivre à embouchure, sans pistons, ni clefs, qui sert
pour les sonneries de cavalerie. Il est très employé en musique militaire.

Etant un tube simple, la trompette ne peut donner que le son fondamental
et ses harmoniques. Le son fondamental étant *Ut*, les harmoniques sont *Sol*,
Ut, *Mi*, *Sol*, *Si♭*, *Ut*, *Ré*, *Mi*, *Sol*, *Sol♯*, *Si*, *Si♭*, *Ut* &

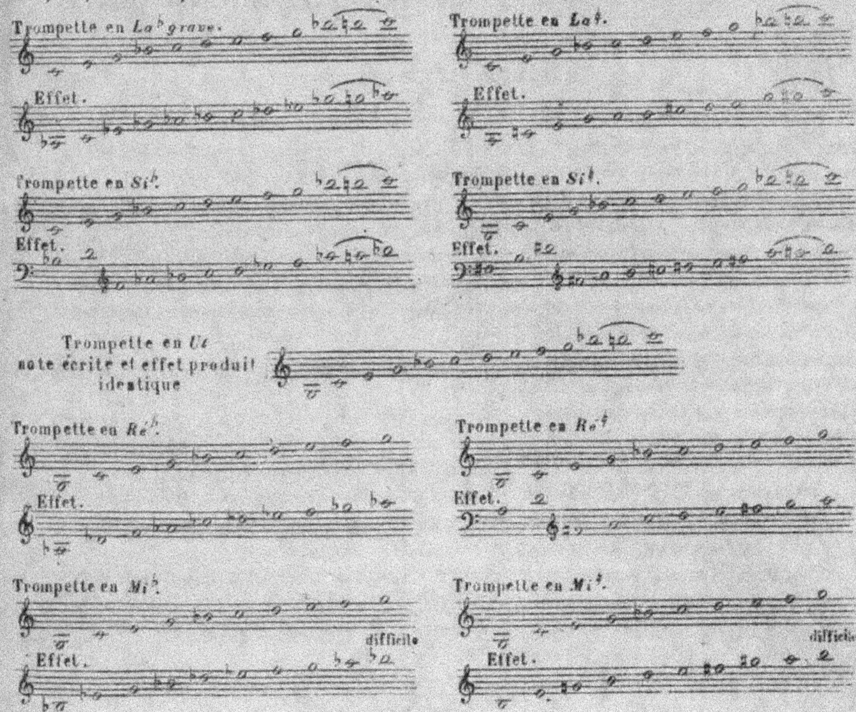

Maintenant revenons a la trompette.

Les tons de la trompette sont, au nombre de 13; *La♭ bas La♮, Si♭, Si♮, Ut, Ré♭, Ré♮, Mi♭,
Mi♮, Fa, Sol♭, Sol♮, La♭*. Voici leurs étendues et l'effet produit:

8

les sons tels qu'ils sont écrits, on l'indique par les mots: sons ordinaires.

Exemples.

La clarinette peut passer par tous les degrés d'intensité du son. Elle est éminent propre aux effets d'échos. C'est un instrument d'une grande noblesse et on n'a pas à craindre qu'une mélodie devienne commune en la lui confiant. Lorsqu'on donne aux cornets à pistons dont le timbre est un peu vulgaire une mélodie manquant un peu de distinction, il est bon de la confier en même temps aux clarinettes qui en rehausseront le caractère et effaceront ce qu'il pourrait avoir de commun si la mélodie n'était confiée qu'aux cornets à piston.

Il y a plusieurs espèces de clarinettes:

1.° Les clarinettes soprani grandes et petites;

2.° La clarinette alto;

3.° La clarinette basse

4.° La clarinette contre basse.

Il y a encore la clarinette bourdon et la clarinette contre bourdon, mais elles sont moins connues; j'en donnerai néanmoins l'étendue.

Toutes ces clarinettes ont la même étendue pour la note écrite. *(voir page 6)*

CLARINETTES SOPRANI.

Les clarinettes soprani grandes et petites sont les seules employées en musique militaire. On en fait en divers ton: en *Ut*, *Si♭*, et *La* pour les grandes clarinettes. Dans les orchestres militaires on emploie la clarinette en *Si♭*.

La clarinette ne peut, comme la plupart des instruments de cuivre, être en divers tons. Autant de tonalités différentes, autant de clarinettes.

Pour ne pas embarrasser les clarinettistes de plusieurs instruments, on a choisi le ton le plus beau, qui est celui de *Si♭*. Au-dessus de *Si♭*, le timbre devient perçant et criard et sur le petites clarinettes il devient même vulgaire; au-dessous, il est toujours beau, mais il s'assombrit.

Les grandes clarinettes employées en musique militaire sont donc en *Si♭*. L'effet produit est d'un ton au dessous de la note écrite. *Ex:*

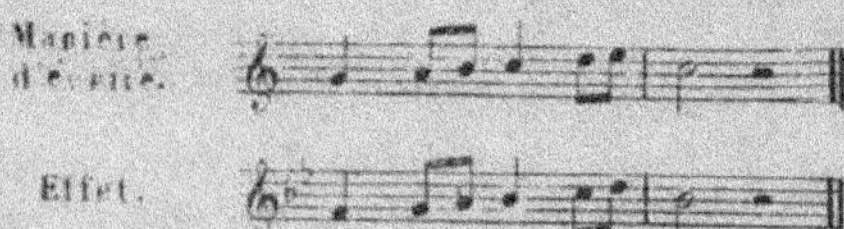

C'est aux grandes clarinettes en *Si♭* qu'on confie la partie mélodique. On les divise en 1.ères, 2.èmes et 3.èmes. Quelquefois on ajoute une partie de clarinette solo en *Si♭*. Il serait à désirer que les 2.èmes et 3.èmes clarinettes en *Si♭* fussent remplacées par des clarinettes altos en *Mi♭*.

Les petites clarinettes sont, ainsi que l'indique leur nom plus courtes que les précédentes. Leur timbre est plus criard et devient même commun lorsqu'on leur confie, surtout dans leur dernière octave des passages d'une distinction douteuse. On en construit en *Mi♭* et en *Fa*.

La clarinette en *Mi♭* est la sixième

Il est bon d'éviter les les notes surmontées d'un arc de cercle: Les notes graves sont sourdes et d'un mauvais timbre; il vaut mieux les obtenir avec les grandes clarinettes qui les donnent plus sûrement et meilleures. Les notes aigues sont dures, criardes et d'une intonation difficile.

Il n'y a généralement dans les orchestre militaires qu'une partie de petite clarinette en *Mi♭*.

LA CLARINETTE ALTO.

La clarinette alto a la même étendue que la grande clarinette. L'effet produit est d'une sixte majeure au-dessous de la note écrite. On en fait en *Mi♭* et en *Fa*. Voici l'étendue et l'effet produit de la clarinette alto en *Mi♭* qu'il faudrait employer dans les orchestres militaires, puisque les grandes clarinettes sont en *Si♭*, car les instruments en *Mi♭* s'accordent bien mieux avec ceux en *Si♭* que ne le feraient des instruments en *Fa*.

Il faut éviter les dernières notes surmontées d'un arc de cercle. Elles sont d'une intonation difficile et seront données bien plus surement par les grandes et les petites clarinettes.

Comme on le voit, on aurait un grand avantage à remplacer les 2èmes et 3èmes clarinettes en *Si♭* par des clarinettes altos en *Mi♭*, car on aurait au graves cinq notes de plus.

Le timbre de la clarinette alto est très beau, aussi pourrait-on employer cet instrument non seulement comme accompagnateur, mais aussi comme instrument de solo.

LA CLARINETTE BASSE. (1)

Est à l'octave grave de la grande clarinette en *Si♭*. Voici son étendue et l'effet produits.

______

(1) La longueur du tube des clarinettes basse, contrebasse et bourdon obligent les facteurs a courber leur tubes.

Les notes surmontées d'un arc de cercle ne peuvent être employées que dans le solo. Les meilleures notes sont les notes graves et celles du médium. Vu la lenteur des vibrations, il ne faut pas les employer dans des traits rapides. Ceci du reste s'applique aux instruments graves à plus l'instrument est grave et plus cette observation est de rigueur. Il ne faut guère donner à la clarinette basse, que des chants larges ou des traits d'harmonie.

LA CLARINETTE CONTRE-BASSE.

on en construit en *Fa* et en *Mi*^{b}. Cet instrument est peu usité, même à l'orchestre, bien qu'il pourrait produire un excellent effet soit dans l'orchestre ordinaire, soit dans une musique militaire. Si on voulait l'employer dans un orchestre d'harmonie, il faudrait prendre la clarinette contre-basse en *Mi*^{b}, voici son étendue et l'effet produit:

LA CLARINETTE BOURDON.

Cet instrument est à l'octave grave de la clarinette basse en *Si*^{b}. En voici l'étendue et l'effet produit.

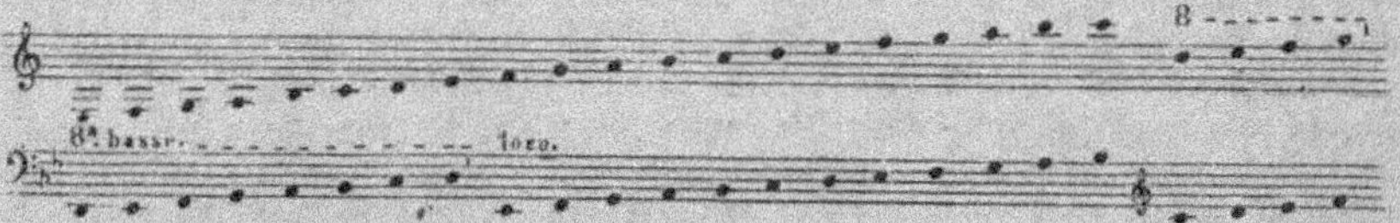

Ces deux derniers instruments ont été inventés par *Ad. Sax.* La lenteur de leurs vibrations ne leur permet pas d'émettre des sons rapidement. Il ne faut leur donner que des notes tenues ou des mouvements de basse (mais dans un mouvement lent). Dans ces conditions ils peuvent produire un très bel effet.

Les notes de la première octave de la clarinette bourdon et même les premières de la clarinette contre-basse sont d'une sonorité confuse. Il ne faut les employer qu'en doublant l'octave soit par d'autre clarinettes soit par d'autres instruments

Un très bel effet serait une belle harmonie religieuse exécutée par les instruments suivants:

Clarinettes soprani en *Si*^{b}	Saxophones aigus en *Mi*^{b}
Clarinettes altos en *Mi*^{b}	Saxophones soprani en *Si*^{b}
Clarinettes basses en *Si*^{b}	Saxophones altos en *Mi*^{b}
Clarinettes contre-basses en *Mi*^{b}	Saxophones ténors en *Si*^{b}
Clarinettes-bourdons en *Si*^{b}	Saxophones barytons en *Mi*^{b}
	Saxophones basses en *Si*^{b}
	Saxophones contre-basses en *Mi*^{b}

DEUXIÈME PARTIE.

INSTRUMENTS À VENT EN CUIVRE.

Les instruments à vent en cuivre se divisent en deux sections: 1º instruments à anche. 2º instruments à embouchure à bocal.

Les instruments à anche et en cuivre servent à lier les instruments à vent en bois à ceux en cuivre et à embouchure. Aussi vais-je commencer par les instruments à vent en cuivre et à anche.

INSTRUMENTS À VENT EN CUIVRE ET À ANCHE SIMPLE.

Les instruments à vent en cuivre et à anche ne comprennent qu'une famille à anche simple. Il n'y en a pas à anche double. Ce sont les Saxophones.

LES SAXOPHONES.

Le Saxophone est un instrument en cuivre et à anche simple. Tandis que le tube de la clarinette est cylindrique, celui du saxophone est conique. Il est percé de trous suivant les lois de l'acoustique: ces trous sont fermés par des clefs mus par un mécanisme dérivant du système Bœhm. Le nombre de ces clefs est considérable. Il varie de 17 à 22, suivant le saxophone dont il s'agit.

Comme les instruments à vent en bois, le saxophone ne peut être construit que dans un seul ton. Son étendue générale est la suivante.

L'étendue du saxophone peut au point de vue du timbre se diviser en trois parties distinctes: 1º les notes de la première octave sont d'un timbre onctueux et ont, dans les saxophones graves surtout une majesté qui n'est pas sans analogie avec certains jeux de l'orgue. 2º les sons de la 2ᵉ octave sont d'une pureté remarquable: 3º les dernières notes: sont, sur les saxophones aigus (soprano et aigu), perçantes mais sans aigreur; sur les saxophones graves elles ont qu'elle chose de pénible et de souffrant: aussi je ne conseillerais pas de les employer sur les saxophones graves à moins que l'on eut è produire un effet particulier.

Jusqu'à présent on n'emploie dans les musiques militaires que les saxophone suivants: soprano *Si♭*, alto *Mi♭*, ténor *Si♭*, baryton *Mi♭*; on pourrait y employer aussi avec avantage les saxophones aigus *Mi♭*, basse *Si♭* et contre basse *Mi♭*. Je vais traiter successivement ces divers instruments.

Ces instruments appartiennent aux fanfares ainsi qu'aux musiques d'harmonie.

Ces instruments sont de l'invention d'*Adolphe Sax*.

Je vais maintenant étudier séparément chaque instrument de cette famille.

SAXOPHONE AIGU EN MI♭.

Cet instrument à l'unisson de la petite clarinette en *Mi♭* a un timbre tout aussi perçant mais bien plus noble.

Voici son étendue et l'effet produit:

Les notes aigues n'ont rien de criard et les notes graves ne manquent pas de sonorité.

SAXOPHONE SOPRANO EN *Si♭*

Cet instrument est à l'unisson de la grande clarinette en *Si♭*. Son timbre est bien plus perçant, mais sans manquer de noblesse. Voici son étendue et l'effet produit:

LE SAXOPHONE ALTO EN *Mi♭*.

Cet instrument est à l'octave grave du saxophone aigu en *Mi♭* on à la quinte au-dessous du saxophone soprano en *Si♭*. Voici son étendue et l'effet produit.

La longueur du tube oblige à le recourber: l'instrument à la forme d'une pipe turque. Même observation pour les saxophones ténor, baryton, basse et contre-basse.

SAXOPHONE TÉNOR EN *Si♭*.

Cet instrument est à l'octave grave du saxophone soprano en *Si♭*. Voici son étendue et l'effet produit :

Son timbre est plus fort que celui du saxophone alto.

SAXOPHONE BARYTON EN *Mi♭*.

Cet instrument est a l'octave grave du saxophone alto en *Mi♭* ou a la quinte grave du saxophone ténor en *Si♭*. Voici son étendue et l'effet produit.

Son timbre est moins rude que celui du saxophone ténor il a beaucoup de rapport avec celui du violoncelle. Bien que son mécanisme lui permette une grande agilité, il vaut mieux lui faire exécuter des tenues, des passages d'harmonie, ou un chant large. Lui donner des traits chargés de notes serait le faire sortir de son caractère.

SAXOPHONE BASSE EN *Si♭*.

C'est instrument est à l'octave grave du saxophone ténor en *Si♭* ou à la quinte grave du saxophone ténor en *Si♭* ou à la quinte grave du saxophone baryton en *Mi♭*. Voici son étendue et l'effet produit:

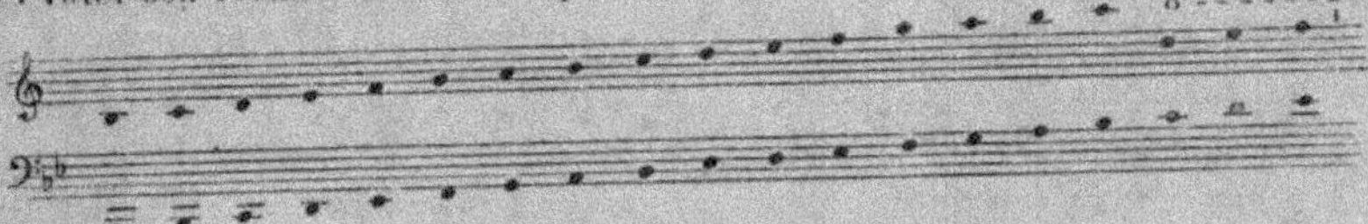

Il faut encore plus que pour le précédent éviter les traits rapides à cause de la lenteur de l'émission du son

SAXOPHONE CONTRE-BASSE EN *Mi♭*

Est à l'octave grave du saxophone baryton en *Mi♭*. Voici son étendue et l'effet produit:

Pour ce qui est des traits rapides, même observation (et plus rigoureuse) que pour le précédent:

Il convient admirablement aux tenues. Son son plein renforce la basse. Dans sa première octave je ne conseillerais pas de l'employer, à moins qu'il ne soit doublé à l'octave supérieure par un autre saxophone.

Les saxophones, comme on vient de le voir, constituent une famille complète.

Il est à regretter que quatre seulement soient employés dans les orchestres militaires: 1º le saxophone-soprano *Si♭*; 2º le saxophone alto *Mi♭*; 3º le saxophone ténor *Si♭*, et le saxophe baryton *Mi♭*, chaque saxophone est employé par paire, de manière à former un double quatuor.

Le saxophone est très agile; seulement les saxophones alto, ténor, basse et contre-basse doivent éviter des traits d'autant plus rapides qu'ils sont plus grave, car ce serait les faire sortir de leur caractère.

Le trille est praticable sur presque tous les degrés de l'échelle; voici ceux qu'il convient d'éviter comme impossibles ou comme très difficiles.

INSTRUMENTS À VENT EN CUIVRE ET À EMBOUCHURE.

Ces instruments peuvent être construits en divers tons, car au moyen de tubes qu'on adapte à l'instrument et aux quels on fixe l'embouchure on change le ton de l'instrument. Ils ont un timbre plus perçant et plus sec que les instruments à vent en bois. Ces instruments sont: 1º les cornets à pistons: 2º les trompettes: 3º les saxhorns: 4º les sax trombas: 5º les sax tubas: 6º les Trombonnes. 7º les Ophicléides.

LE CORNET À PISTONS.

Est un instrument muni de trois pistons. Ces pistons servent à donner à l'instrument les notes qu'ils n'auraient pas sans eux.

Un tube ne donne que la note fondamentale et ses harmonique. Le jeu des pistons donne les autres notes.

Les divers tons du cornet sont: *Ut* aigu, *Si♭*, *La*, *La♭*, *Sol*, *Fa*, *Mi*, *Mi♭*, *Ré*. Le ton d'*Ut* n'est pas employé, il est trop fatigant, les plus usités sont *Si♭*, *La*, *La♭*, *Sol*, les autres tons sont trop sourds.

Voici l'étendue et l'effet produit des tons de *Si♭*, *La*, *La♭*, *Sol*:

Les notes surmontées d'un arc de cercle sont dures et d'une intonation difficiles; il faut les éviter dans le piano. Mais dans le forté on peut les donner en les amenant par degrés conjoints ou comme dernière note d'un accord parfait.

Exemple

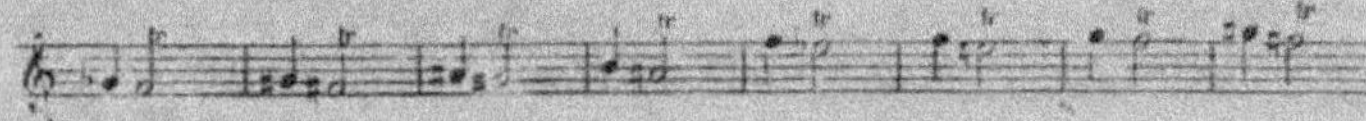

Le cornet en *Si♭* est le plus employé en musique militaire, mais on y emploie aussi les tons de *La*, *La♭* et *Sol*, quoique moins souvent. Il faut, pour le piston employer des tonalités peu chargées de dièzes ou de bémols, les tons favoris du cornet en *Si♭* sont: *Ut*, *Sol*, *Fa*, *Si♭*, puis viennent *Ré* et *Mi♭* et leurs relatifs mineurs.

Le cornet à pistons peut donner le double et triple coup de langue

Il peut exécuter des trilles sur la plupart des degrés de son échelle.

Voici les trilles qu'il faut éviter.

Le timbre de cet instrument est vulgaire; aussi ne devrait-on lui donner que des chants distingués qui relève la trivialité de son timbre. Si au contraire, la mélodie manque un peu de distinction, il faudrait alors unir les cornets à pistons aux clarinettes et saxophones qui effacerait le caractère trivial,

malheureusement dans les fanfares sans saxophones, on ne peut avoir recours à ce moyen.

On emploie, en musique militaire, cet instrument par 1er 2me et 3me. Quelquefois on y ajoute une partie de piston solo. Le premier piston exécute la mélodie: le 2e joue à la tierce, à la quarte au dessous du premier ou exécute un simple accompagnement; parfois on l'unit au premier piston, le 3e piston exécute un simple accompagnement.

LA TROMPETTE

Est un instrument de cuivre à embouchure, sans pistons, ni clefs, qui sert pour les sonneries de cavalerie. Il est très employé en musique militaire.

Étant un tube simple, la trompette ne peut donner que le son fondamental et ses harmoniques. Le son fondamental étant *Ut*, les harmoniques sont *Sol, Ut, Mi, Sol, Si♭, Ut, Ré, Mi, Sol, Sol♯, Si, Si♭, Ut* &

Maintenant revenons à la trompette.

Les tons de la trompette sont, au nombre de 13; *La♭ bas La♮, Si♭, Si♮, Ut, Ré♭, Ré♮, Mi♭, Mi♮, Fa, Sol♭, Sol♮, La♭*. Voici leurs étendues et l'effet produit:

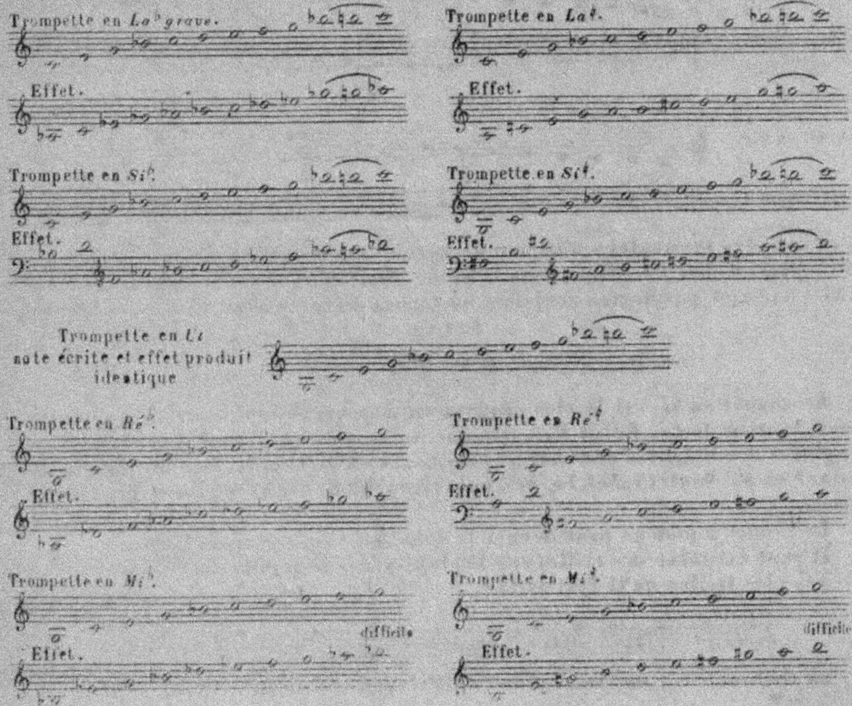

Les notes surmontées d'un arc de cercle sont difficile, il vaut mieux les éviter.

Le *Fa* est toujours un peu haut; il ne faut ni l'attaquer, ni le soutenir. On ne peut l'employer que comme note de passage entre un *Sol* et *Mi* et forte.

Le *Ré*♭ du médium est toujours un peu bas.

Les tons de *Ré*♭ et de *La*♭ sont plein d'éclat, mais le dernier à fort peu d'étendue. Les tons les plus employés en musique militaire sont *Mi*♭ *Fa* et *Sol;* on emploie les autres, beaucoup moins souvent.

On écrit les trompettes à quatre parties, et chacune dans un ton différent. De la sorte on à beaucoup de notes.

Le trille n'est presque pas praticable sur la trompette. Les coups de langue, double et triple s'y donnent facilement et y produisent fort bon effet.

On peut y exécuter des trémolos qui sont d'un excellent effet et faciles pourvu qu'ils ne durent pas trop longtemps. On les indique ainsi:

Le contre *Ut* grave marqué d'une étoile ✳ est d'un excellent timbre sur les tons de *Fa Sol*♭ *Sol*♯ et *La*♭ *haut*

Beaucoup de compositeur croient que la trompette ne doit jouer que dans le forté ou tout au moins le mezzo forté et qu'on ne doit lui donner que des passages toujours les mêmes et d'une platitude extrême.

C'est une grande erreur; la trompette peut jouer dans le piano et y produire très bon effet. Mais il faut pour cela lui choisir ses notes. Voici celle qui sont le le plus propres à être données piano.

TROMPETTE À CYLINDRES *Système Ad: Sax.*

La trompette est à cylindre diffère de la précédente par un mécanisme de cylindres qui lui permet de donner toutes les notes de l'échelle.

Son timbre est le même.

Voici l'étendue et l'effet produit des divers trompettes à cylindres *(Système Sax)*

Les tons de rechange sont: Re (un $\frac{1}{2}$ ton plus bas), Re^b (un ton plus bas) et en descendant par demi-tons Ut, Si, Si^b. Mais on se contente généralement du ton de Mi^b

2º. Une trompette en Ut aigu.

Ses tons de rechange sont (en descendant par demi-tons) $Si, Si^b, La, La^b, Sol, Sol, Fa$.

3º. Une trompette en Sol:

Ses corps de rechange sont $Fa, Mi, Mi^b, Re, Re^b, Ut, Si, Si^b$.

4º. Un trompette ténor en Ut, dont voici l'étendue

Elle n'a qu'un corps de rechange celui de Si^b. Cette trompette se joue dans le grave plus facilement que celle en Sol.

5º. Une trompette basse en Si^b. Même étendue et même effet produit que la trompette ténor en Si^b; seulement elle a le véritable timbre de trompette basse.

6º. Une trompette contre basse en Fa.

Son corps de rechange est Mi^b et baisse l'instrument d'un ton.

Ad Sax confectionné aussi des trompettes à 4 cylindres. Celles-ci ont l'avantage de pouvoir donner les notes qui manquent sur les trompettes à trois pistons ou cylindres.

La trompette à cylindres est très employées dans les musiques militaires. Elle a le même timbre que la trompette ordinaire; elle a de plus l'avantage d'être chromatique à partir du Sol ou $Fa^\sharp$ grave et de constituer une famille complète. On n'emploie jusqu'a présent que la trompette en Mi^b aigu.

On pourrait en musique militaire introduire les trompettes suivantes:

Trompette à cylindres en Mi^b aigu.

    idm: ,,   en Si^b aigu (trompette en Ut, avec le ton de Si^b)

    idm: ,,   en Mi^b (trompette en Sol, avec ton de Mi^b)

Trompette ténor à cylindre Si^b (trompette ténor en Ut, avec ton de Si^b)

Trompette basse à cylindre en Si^b.

Trompette contre basse en Mi^b (trompette contre basse en Fa avec ton de Mi^b)

La trompette à cylindres peut exécuter avec la même facilité les mêmes trilles que le cornet à pistons. Mais il vaut mieux les éviter; ce serait la plupart du temps sortir du caractère de l'instrument.

Il ne faut en général ne donner à la trompette qu'un chant martial ou majestueux. Quand aux accompagnements, il ne doivent pas manquer de grandeur et de distinction: ce n'est malheureusement pas ce que font la plupart des compo.

siteurs pour musique militaire.

Cet instrument étant chromathique, il suffit de deux trompettes que l'on traite par 1ère et 2ème.

Il est bon sur les trompettes en *Mi♭* aigu et *Ut* aigu de ne leur donner que l'étendue suivante, les notes plus aigues étant dures et difficiles à bien poser à moins que ce ne soit dans un mouvement lent:

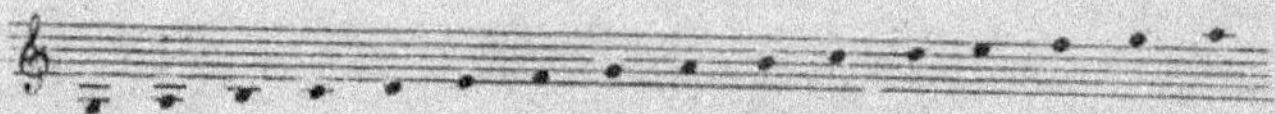

Pour les trompettes plus graves, on pourrait les faire monter au *Si* et à l'*Ut* et les faire descendre jusqu'à l'*Ut* (conjointement si elles sont à 4 cylindres). Mais l'étendue que je viens d'indiquer est suffisante.

Pour le coup de langue même observation que pour la trompette ordinaire.

LES TROMBONNES A COULISSE.

Le trombonne à coulisse est une grande trompette qui se compose de deux tubes glisant l'un dans l'autre, ce qui leur permet de donner toutes les notes de la gamme. Cet instrument, entre les mains d'un artiste habile est tres juste. Il y a trois trombonnes à coulisse: 1º le trombonne alto, 2º le trombonne ténor, 3º le trombonne basse.

Le trombonne possède, à l'extrémité grave de son étendue, quatre notes puissantes séparées du reste de l'échelle de l'instrument par une lacune (4º majeure).

TROMBONNE ALTO.

Il s'écrit sur la clef d'*Ut* 3º ligne. Voici son étendue:

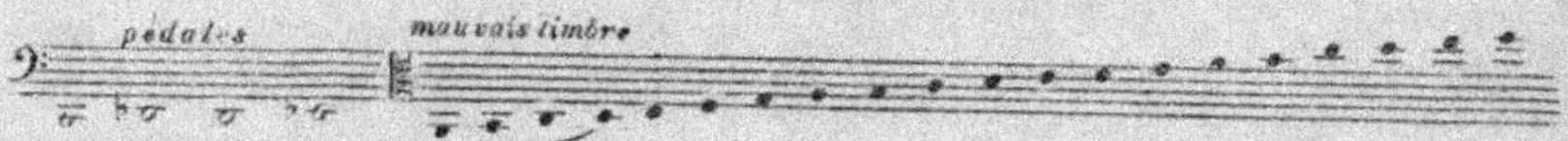

Les positions de la coulisse sont au nombre de 7 sur les divers trombonnes. Voici le tableau des 6 positions sur le trombonne alto:(*Le trombonne alto n'ayant que 6 positions*)

Le timbre du trombonne alto est un peu criard; il ne faut pas l'employer sans les deux autres trombonnes.

Il faut éviter les quatre dernières notes qui sont dures et criardes. Les notes de pédale ne valent rien; il vaut infiniment mieux les remplacer par les notes équivalentes du trombonne basse, ou en l'absence de celui-ci les donner à l'ophicléide malgré la différence qui existe entre son timbre et celui du trombonne.

LE TROMBONN TÉNOR.

Est le meilleur des trois trombonnes. Il a un timbre bien plus noble que le

précédent et est bien moins fatiguant que le trombonne basse. Il s'écrit en **clef**
d'*Ut* quatrième ligne; mais la plupart des compositeurs l'écrivent en clef de *Fa*,
(cette clef étant plus connue des amateurs que la clef d'*Ut*, qui est la véritable
clef du trombonne ténor) Des deux manières la
note écrite et l'effet produit sont identiques.
La coulisse étant fermée, l'instrument donne les
notes suivantes :

Voici maintenant son étendue:

Voici les sept positions du trombonne ténor

Les notes pédales du trombonne ténor sont les suivantes. On peut les employer mais alors dans un mouvement très lent: la première par saut de quinte ou d'octave et les autres par degrés conjoints. Mais il vaut mieux les donner au trombonne basse.

LE TROMBONNE BASSE.

Cet instrument est fatigant à jouer; aussi doit-on le faire pauser de temps
en temps. Ses notes sont puissantes. Le bras de l'exécutant n'est plus assez long
pour manœuvrer la coulisse à la dernière position; on y adapte une rallonge. Cela
rend l'exécution fort incommode; aussi préfère-ton de beaucoup le trombonne
basse à pistons qui a en outre l'avantage d'avoir une étendue bien plus considérable. Voici l'étendue du trombonne basse à coulisse: Les trois premières
notes graves sont fort difficiles, il vaut mieux les éviter.

Voici les sept positions du trombonne basse à coulisse.

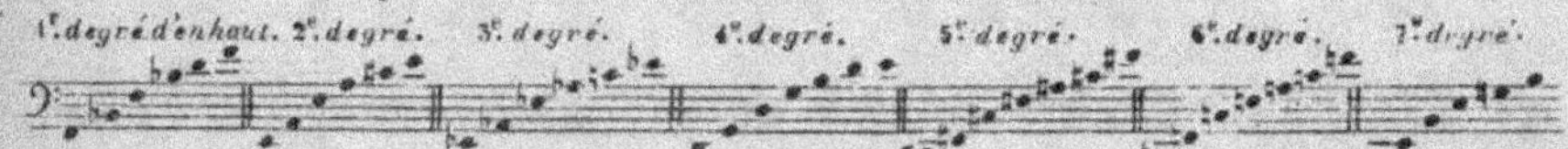

Les meilleures notes du trombonne basse sont de l'*Ut* grave à l'*Ut* aigu.
Cet instrument est fatigant, il faut le faire pauser. Ses effets les plus terribles
sont dans le forte, ce n'est pas à dire qu'il ne puisse jouer dans le piano.

Le trombonne est un instrument très noble; c'est l'avilir que de l'employer
pour toute espèce d'accompagnement comme le font beaucoup de compositeur et
de lui donner des mélodies triviales. Si on lui donne une mélodie qu'elle soit large
et pas trop rapide car elle sortirait du caractère de l'instrument.

Des accords coupés produisent un très bel effet.

Le trombonne est une grande trompette, mais ses tubes étant plus larges,
il a un timbre moins strident.

Le trombonne s'entend très bien au milieu des autres instruments. Si l'on donne des accords aux trombònnes, il faut leur faire donner les notes les plus importantes de ces accords à moins d'avoir en vue un effet particulier. voyez page 22.

Les trombonnes alto et ténor peuvent exécuter des trilles. Ils sont presque impraticables sur le trombonne basse. Néanmoins je crois qu'il faut s'en montrer très sobre.

Trombonne
alto.

Trombonne
ténor.

Les notes dites pédales ne peuvent guère s'employer que sur le trombonne ténor. Celles du trombonne alto sont grêles et d'un mauvais timbre. Celle du trombonne basse sont trop fatigantes. On ne peut arriver aux pédales du trombonne ténor que par un saut de quinte ou d'octave pour le plus aigüe et par degrés conjoints pour les autres

Exemple

Encore ces notes ne devraient-elles être émises que lentement.

Il faut sur les trombonnes à coulisse ne pas faire se succéder trop rapidement des notes pui se trouveraient dans des positions fort éloignées.

Lorsque les trombonnes exécutent des accords il ne faut pas trop serrer l'harmonie, car l'effet en serait lourd; c'est du reste une remarque générale en instrumentation *voyez page 22*

Le trombonne alto et le trombonne basse ne se trouvent pas dans les musiques françaises: on n'y trouve que trois trombonnes ténors. C'est fort à regretter, car cela prive le compositeur des notes suivantes

Trombonne
alto.

chromatiquement.

Trombonne
basse.

chromatiquement.

Les notes qui manquent sur le trombonne ténor et qui seraient fort utiles et qui permettraient de moins serrer l'harmonie.

Qualité du tromboniste. Le tromboniste doit bien posséder le mécanisme de la coulisse de manière à obtenir une justesse parfaite. Il doit attaquer franchement la note et savoir chanter avec noblesse, car il arrive assez souvent de donner une mélodie ou quelque mesures de mélodie au 1er trombonne

Le tromboniste alto doit surtout dans les notes aigües atténuer le son un peu aigre de son instrument. Le tromboniste basse doit pouvoir attaquer franchement les notes graves qui sont difficiles à donner.

LE TROMBONNE ALTO À PISTONS.

C'est un trombonne alto ou la coulisse a été remplacée par un mécanisme de trois pistons.

Voici son étendue.

avec les intervalles chromatiques.

On le construit en *Fa* ou en *Mi♭*. Dans la musique d'harmonie et dans la fanfare, il faudrait employer celui en *Mi♭*.

Le trombonne alto à pistons en *Fa* sonne la quinte juste au dessous de la note écrite; celui en *Mi♭* sonne la sixte majeure au dessous de la note écrite.

Tout ce qui est praticable sur l'instrument à coulisse l'est également sur celui à pistons. Ceci s'applique également aux trombonnes ténor et basse à pistons. De plus on peut avec les pistons produire sur le trombonne alto les trilles suivantes.

LE TROMBONNE TÉNOR À CYLINDRES OU À PISTONS.

C'est un trombonne ténor où le jeu des coulisses est remplacé par un mécanisme de pistons ou cylindres.

On en construit à trois et à quatre cylindres. Ceux à trois cylindres ont la même étendue que l'instrument à coulisse, seulement il possède une bien plus grande agilité et certains passages impraticables sur l'instrument à coulisse s'exécutent facilement sur l'instrument à cylindres.

Le trombonne ténor à quatre cylindres est bien préférable à celui à trois cylindres. L'adjonction d'un quatrième cylindre donne deux doigtés à certaines notes et facilite beaucoup l'exécution de certains passages.

Voici son étendue avec le doigté de chaque note. Cet instrument s'écrit en clef de *Fa* pour les notes graves et en clef *d'Ut* pour les autres:

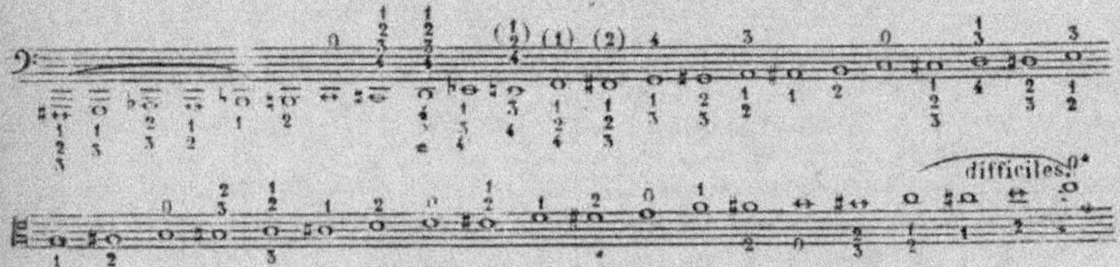

Les doigtés entre paranthèses sont spéciaux aux trombonne à trois pistons Sur l'instrument à quatre pistons on préfère l'autre doigté

Comme on le voit le trombonne ténor à quatre cylindres a une étendue plus considérable que l'instrument à coulisse. Il peut servir de trombonne ténor ou de trombonne basse. Il faut éviter les notes au dessus du *Sol♯* aigu: elle sont fort difficiles; et celles au dessous du contre *Si*. Elle nécessitent un grand relâchement des lèvres et ne peuvent s'exécuter que dans un mouvement très lent. Du reste les compositeurs les évitent complètement. (1)

(1) Les parties de trombonne à quatre cylindres ne descendent guère plus bas que celles des trombonnes à coulisse. Cela vient de ce que le premier étant encore assez peu répandu,

Grâce à son mécanisme de cylindres, cet instrument possède une bien plus grande agilité que l'instrument à coulisse. Mais il ne faut pas lui donner des traits trop chargés de notes, car ce serait sortir du caractère de l'instrument.

Naturellement des traits difficiles ou impraticables sur le trombonne à coulisse deviennent faciles sur l'instrument à coulisse.

Le trombonne ténor à quatre cylindres est l'instrument adopté par les musiques militaire. Il est très répandu et se répand de plus en plus dans les sociétés civiles. Son timbre ne diffère pas de celui du trombonne à coulisse. Inutile d'ajouter qu'on forme un tromboniste bien plus vite avec un instrument à cylindres qu'avec un tromobonne à coulisse.

Les accords donnés aux trombonnes produisent un effet différent, suivant la manière dont sont distribuées les notes des accords.

Sera majestueux dans le forté et religieux dans le piano.

Sera majestueux dans le piano et terrible dans le forté.

Mais si l'on n'a pas en vue un effet particulier il ne faut pas trop serrer les trois trombonnes.

LES SAXHORNS.

Historique. Le Saxhorn dérive du clairon qui n'est plus employé que dans les régiment d'infanterie pour exécuter les sonneries. Il a l'étendue suivante:

Comme on le voit on était fort restreint dans les parties qu'on pouvait lui donner.

On le rendit chromatique en lui adaptant un mécanisme de clefs et il prit les noms de horn-bugle, cor à clefs, trompette à clefs. On en construisait en *Mi*♭ aigu, en *Si*♭, en *Mi*♭ basso. Voici l'étendue et l'effet produit de la trompette à clefs en *Mi*♭ aigu:

Cet instrument était assez dur à jouer; il fallait le faire pauser de temps en temps. La première note-grave était d'un mauvais timbre. Les dernières à l'aigu surmontées d'un arc de cercle étaient d'une intonation difficile

La trompette à clefs en *Si*♭ avait la même étendue, l'effet produit était une seconde majeure au dessous de la note écrite. Cet instrument était bien moin fatigant que le précédent. On l'employait par 1er et 2me bugle (comme le cornet à pistons en *Si*♭).

Le bugle en *Mi*♭ basso avait l'étendue et l'effet suivant,

Le bugle a été perfectionné par un mécanisme de trois pistons remplaçant les

les compositeur l'écrivent de manière à pouvoir jouer sa partie sur un trombonne à coulisse ou à trois cylindres. Lorsque celui à quatre cylindres sera plus répandu on fera certainement un plus grand usage des notes au dessous du *Mi* qui sont fort belles.

clefs, plus tard le célèbre inventeur Ad. Sax en fit une famille complète d'instru_
ments au quel il donna le nom de Saxhorn.

Le Saxhorn est un instrument de cuivre à embouchure et à pistons ou cylin_
dres. On en construit à 3, 4 et 5 cylindres, comme ces derniers cylindres ne ser_
vent qu'aux notes les plus graves de l'échelle on ne donne 4 et 5 cylindres qu'aux
Saxhorns basse, contre-basse et bourdon. Les Saxhorns aigu, soprano, contr'alto,
alto, ténor et baryton sont à 3 cylindres.

Le mécanisme est le même que pour le cornet à pistons. Le timbre diffère, ain_
si que l'embouchure pour les Saxhorns autres que les Saxhorns contre-alto en *Si*♭
et alto en *La*♭ qui sont à l'unisson des cornets à pistons en *Si*♭ et en *La*♭. Voici les
étendues et les effets produits des différents Saxhorns à trois pistons:

1° Le Saxhorn aigu en *Ut* et en *Si*♭; en musique militaire on prend celui en *Si*♭.

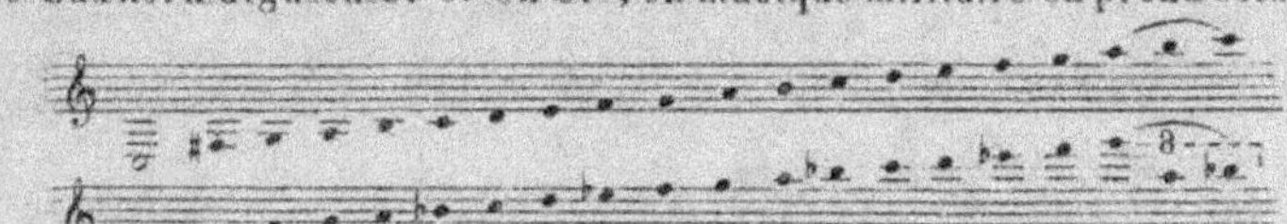

Dans tous les instruments à trois pistons (Saxhorns Saxtrombas et Saxtubas)
les notes entre l'*Ut* et le *Fa*♯ graves manquent, le reste de l'échelle est chromatique.

Le Saxhorn aigu est très dur à jouer; il faut le faire reposer souvent. C'est un
instrument perçant, mais sans vulgarité, ni aigreur. Un seul saxhorn aigu se fait
très bien entendre à travers toute une masse de cuivre. Les notes surmontées d'un
arc de cercle doivent être évitées, celles du bas sont sourdes et grêles, celles du
haut sont excessivement difficiles.

2° Le Saxhorn soprano en *Fa* et *Mi*♭ aigu (on emploie le ton de *Mi*♭ dans les
musiques militaires). Voici son étendue et l'effet produit:

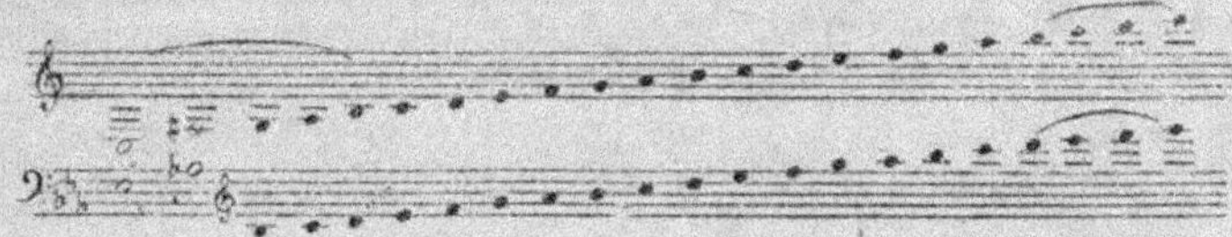

Les notes surmontées d'un arc de cercle doivent être éviter celles de l'ex-
tremité inférieures de l'échelle sont d'un mauvais timbre, il vaut bien mieux les
remplacer par les notes correspondantes du saxhorn contralto en *Si*♭ qui sortent
bien mieux et plus facilement; celles du haut sont fort dures et très difficiles.

Le saxhorn soprano est fort fatigant; il faut le faire reposer souvent.

3° Le Saxhorn contralto en *Ut* et *Si*♭. Dans les orchestres d'instruments à
vent on emploie le ton de *Si*♭. Voici son étendue et l'effet produit:

En écrivant pour cet instrument il faut suivre les mêmes règles que pour le
cornet à cylindres en *Si*♭. On emploie dans les musiques militaires deux sax_
horns contr'alto en *Si*♭ que l'on traite par 1°⸗ et 2⸗.

4° Le Saxhorn alto en *La*♭. Ce n'est autre chose qu'un saxhorn contr'alto
avec le ton de *La*♭. Il est un ton plus bas que le saxhorn contralto en *Si*♭.

5° Le Saxhorn alto ténor en *Fa* et *Mi*♭. Dans les orchestres militaire on emploie le ton de *Mi♭*. Voici son étendue et l'effet produit :

On confie à cet instrument les parties que l'on donnait jadis aux cors en *Mi♭* qui entraient dans les orchestres militaires, tandis que les cors en *La♭* sont rem_ placés par des saxhorns alto en *La♭*.

L'étendue est comme on le voit du *Fa♯* ou mieux *Sol* au dessous de la portée (clef de *Sol*) à l'*Ut* au dessus des lignes. Il faut éviter les notes plus élevées.

On écrit trois parties de saxhorn alto en *Mi♭* que l'on traite par 1er 2me et 3me aux quels on ajoute un saxhorn alto solo qui a souvent des chants importants. Les trilles et autres ornements mélodiques sont praticables sur le saxhorn alto ténor. Des accords tenus par les quatre saxhorns altos ténors produisent un très bel effet.

6° Le Saxhorn baryton en *Ut* et *Si♭*. Dans les orchestres militaires on em_ ploie le ton de *Si♭*. Voici son étendue et l'effet produit.

On écrit ordinairement deux parties de Saxhorn baryton. Le 1er baryton a as_ sez souvent des solos chantants.

7° Le Saxhorn basse en *Ut* et *Si♭*. On emploie le ton de *Si♭* dans les musiques militaires. Il est à l'unisson du précédent, seulement ses tubes plus larges lui don_ nent le timbre de la basse. On emploie généralement des Saxhorn basse en *Si♭* à 4 et 5 cylindres. Voici son étendue et l'effet produit.

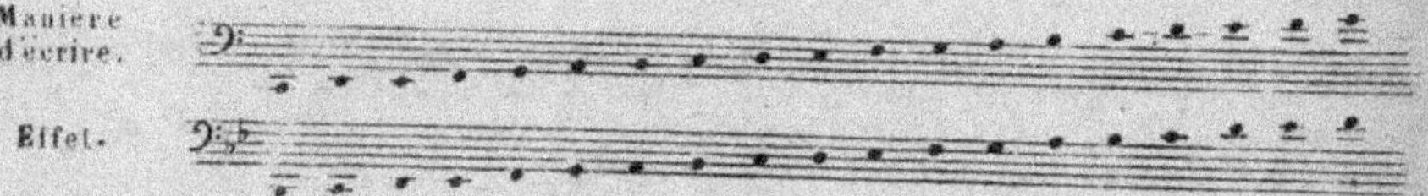

On pourrait si l'on voulait, monter plus haut, mais il vaut mieux obtenir ces no_ tes par les sons correspondants du saxhorn alto ténor en *Mi♭*.

Le Saxhorn basse descend bien plus facilement que le précédent.

On écrit d'ordinaire, deux parties de Saxhorn basse en *Si♭* qui sont généra_ lement doublées.

Le 1er Saxhorn basse a souvent des solos chantants

8° Le Saxhorn contre-basse en *Mi♭*. On le construit le plus souvent avec 4 et 5 cylindres.

La ronde indique la 1ère note grave de la résonnance du tube, les blanches, les notes obtenues avec le 4e et 5e cylindres. Voici l'étendue et l'effet du saxhorn contre-basse en *Mi♭*.

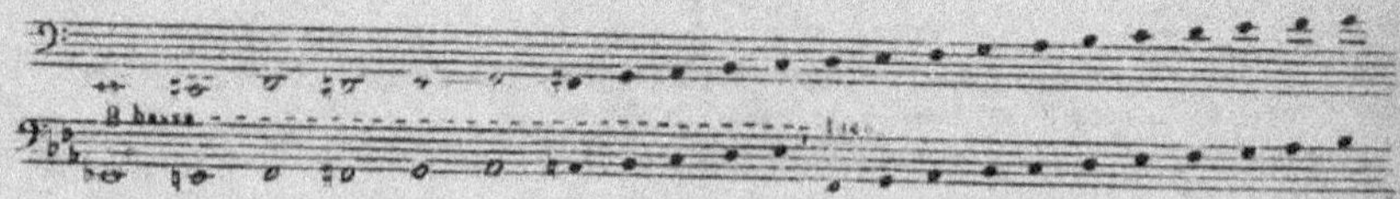

Cet instrument soutient puissamment l'harmonie. On n'écrit généralement qu'une seule partie de Saxhorn contre-basse *Mi♭* bien qu'on le fasse généralement exécuter par plusieurs instruments. Des tenues, des notes coupées, ou des rentrées de basse produisent un effet admirable. Mais il ne faut pas écrire pour lui des passages trop vifs; les sons seraient confus. Les trilles sont praticables, mais doivent être évités; ils manqueraient de netteté.

9° Le Saxhorn contre-basse en *Si♭* grave. Il est à la quinte juste inférieure du précédent. Voici l'étendue et l'effet produit:

Comme pour le précédent, il ne faut pas lui donner des traits rapides, car il faut un certain temps pour faire entrer ses larges tubes en vibration. Il ne faut pas le faire jouer une partie distincte de celle du Saxhorn contre-basse en *Mi♭*; car ses sons seraient confus. Il vaut bien mieux lui faire doubler à l'octave inférieure la partie de Saxhorn contre-basse en *Mi♭*. Ainsi traités ces deux instruments renforceront admirablement la basse de l'harmonie. On n'écrit qu'une partie de Saxhorn contre-basse en *Si♭* grave, partie qu'on peut doubler.

Nota — Quelques compositeurs emploient la clef de *Sol* pour les parties de Saxhorns basse et contre-basse. Ils le font parce que cette clef est bien plus connue des amateurs que celle de *Fa*. Cette dernière est bien préférable, car elle se rapproche davantage de l'effet produit.

LES SAXTROMBAS.

Etymologie. — Sax inventeur, tromba, trompette, trompette de Sax.

Ces instruments ont la même étendue et le même mécanisme que les Saxhorns. Leur timbre seul est différent; il se rapproche davantage de celui de la trompette.

Ils constituent une famille complète où les membres sont disposés dans le même ordre que les Saxhorns.

On emploie souvent les Saxtrombas en *Mi♭* (alto ténor) au lieu des Saxhorns ténors dans le même ton.

LES SAXTUBAS.

Etymologie. — Sax, inventeur, tuba trompette.

Même observation pour l'étendue, le mécanisme, que pour le Saxtromba. Seulement il n'y a pas de Saxtubas contre-basses en *Mi♭* et en *Si♭* grave.

La sonorité de ces instruments est considérable. Il surpasse celui de tous les instrument de cuivre.

LES OPHICLÉIDES.

Cette famille ne comprend que trois membres l'ophicléide alto en *Fa* et *Mi♭*; l'ophicléide basse en *Ut* et *Si♭* et l'ophicléide contre-basse en *Fa* et *Mi♭*.

Les ophicléides sont des instruments de cuivre à clefs, et à embouchure à bassin. Leur timbre est moins strident que celui des autres instruments de cuivre.

Leur justesse laisse un peu à désirer. Ils dérivent de l'ancien Serpent qu'ils ont justement détroné.

OPHICLÉIDE ALTO en *Fa* et *Mi*♭.

Dans la musique militaire on emploie le ton de *Mi*♭. Voici son étendue et l'effet produit:

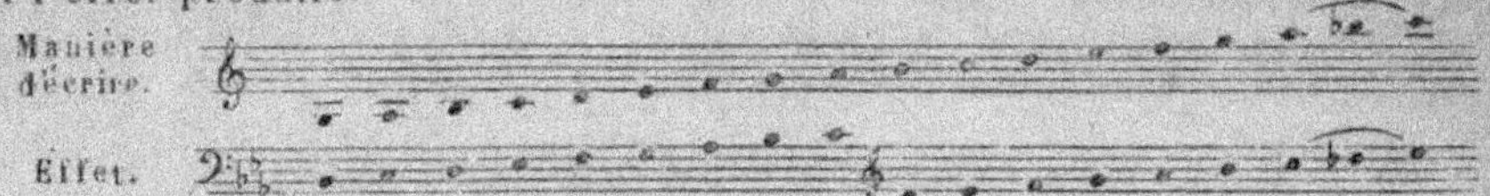

On pourrait obtenir d'autres notes au grave et à l'aigu; mais elles sont les premières d'un mauvais timbre et les secondes fort difficiles. Cet instrument manque de noblesse et est depuis quelque temps abandonné. On le remplace par le Saxhorn ou Saxtromba ténor en *Mi*♭ ou par le Saxophone alto en *Mi*♭.

L'OPHICLÉIDE BASSE en *Ut* et *Si*♭.

On emploie les deux tons du musique militaire. Voici son étendue:

Avec le ton de *Si*♭, on a la même étendue, mais l'effet produit est une seconde majeure au dessous de la note écrite. On emploie le ton d'*Ut* pour les tons peu chargés de dièzes ou de bémols et celui de *Si*♭ pour ceux chargés de bémols.

Les trilles suivants sont praticables sur les ophicléides:

chromatique

Les trilles majeurs et mineurs sur cette partie de l'étendue sont praticables. Mais il vaut mieux les éviter sur cet instrument ils y produisent rarement bon effet.

On écrit généralement qu'une partie d'ophicléide basse; on lui donne fort rarement des solos.

Les traits rapides dans la 1ère octave sont difficiles; du reste, il faut sur cet instrument éviter les traits rapides, même dans le médium, les clefs produisent un bruit désagreable.

Il y a un autre ophicléide basse en *La*♭ il est un ton plus grave que l'ophicléide basse en *Si*♭. Cet instrument est peu connu en France.

L'OPHICLÉIDE CONTRE BASSE OU OPHICLÉIDE MONSTRE en *Fa* et *Mi*♭.

Dans la fanfare et la musique d'harmonie il faudrait prendre le ton de *Mi*♭; voici l'étendue de l'ophicléide monstre en *Mi*♭:

On en construit avec des clefs et d'autre avec des pistons. Cet instrument est très fatigant à jouer. Du reste les ophicléides ne tarderont pas à être complétement remplacés par les Saxhorns ou Saxophones basse et contre-basse.

Comme pour to... les instruments contre-basse, il faut éviter les trilles et au très traits rapides sur l'ophicléide monstre.

LE BOMBARDON en *Fa*.

C'est un instrument à 5 cylindres. On l'appelle en *Fa*, parce qu'il donne à vide les notes de l'accord de *Fa*, mais il est en réalité en *Ut*. Voici son étendue.

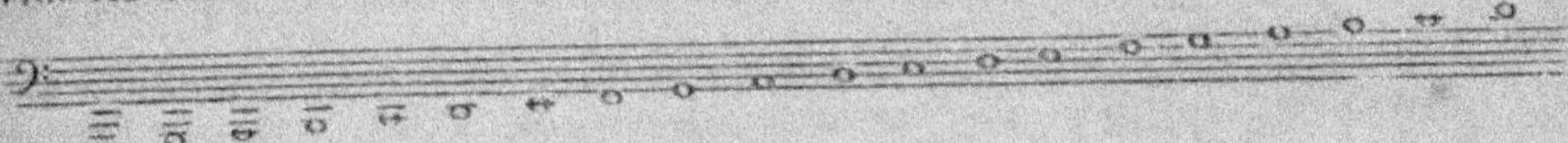

Le son du bombardon est très fort. Cet instrument ne peut exécuter que des successions d'un mouvement modéré.

LE BASS-TUBA

Cet instrument a été perfectionné par Wiprecht, directeur des musiques militaires de Prusse. Le timbre du bass-tuba est bien plus noble que celui des ophicléides et bombardons et a une certaine analogie avec celui des trombonnes.

Les Bass-tubas de Prusse sont en *Ut*. Ad. Sax. en construit en *Mi*^{b}.

Voici leur étendue.

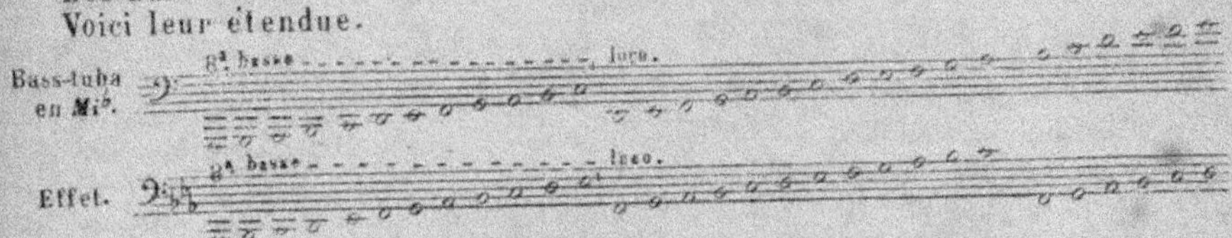

Il ne peut exécuter que des successions lentes. On peut lui donner un chant large. Il serait à souhaiter de le voir remplacer les ophicléides basse et contre-basse. Les dernières notes à l'aigu sont dangereuses; les premières notes graves ne font bon effet, que si elles sont doublées à l'octave par une autre partie de bass-tuba.

Troisième Partie.

LES INSTRUMENTS DE PERCUSSION.

Ce sont des instruments ou le son est produit par la percussion, comme leur nom l'indique. On les divise en deux catégories: 1ère instrument de percussion à son appréciable: 2me instruments de percussion sans son appréciables.

Il est bien entendu que je ne m'occuperai que des instruments qui entrent ou qui peuvent entrer dans les orchestres militaires.

1ʳᵉ CATÉGORIE.

LES TIMBALES.

La timbale consiste en un bassin demi sphérique en cuivre recouvert d'une peau, qu'on serre à volonté au moyen de vis situées sur les bords du bassin. Chaque timbale ne peut donner qu'une seule note, mais on peut en changer l'intonation au moyen des vis. On emploie généralement deux timbales de dimensions inégales, mais quelquefois on en emploie davantage. Les timbales ont l'étendue chromatique suivante.

Il serait difficile de faire descendre la timbale plus bas à cause de la difficulté de trouver une peau d'assez grande dimension. Mais on pourrait construire une timbale donnant trois ou quatre notes de plus a l'aigu.

On a généralement deux timbales. Voici comment on partage entre elles l'étendue générale :

On traite les timbales en instruments non transpositeurs. C'est à tort que les ancien compositeurs appelaient *Ut* et *Sol* la tonique et la dominante quel que fut le ton des timbales :

Timbales en *Ut Sol.* — Effet. — Timbales en *Mi♭ Si♭.* — Effet. — Timbales en *Fa Ut.* — Effet.

Cette manière d'écrire est vicieuse. Elle traite la timbale en instrument transpositeur, tandis que c'est un instrument en *Ut.* De plus dans certains tons, on ne sait plus sur quelles timbale prendre la tonique. Ainsi pour les timbales en *Fa,Ut,* on peut prendre le *Fa* sur l'une ou l'autre timbale. Sur celles en *La Mi,* on est forcé de prendre le *Mi* sur la petite timbale; on a ainsi pour l'oreille un intervalle de quinte et pour l'oeil une quarte. Mais là on sait sur quelle timbale prendre la tonique ou la dominante, tandis que dans les timbales *Fa Ut,* on peut avoir un intervalle de quarte ou de quinte suivant qu'on prend la tonique sur la petite ou la grande timbale et l'effet est bien différend.

Cette méthode est à peu près abandonnée et on écrit les parties de timbales suivant l'effet produit :

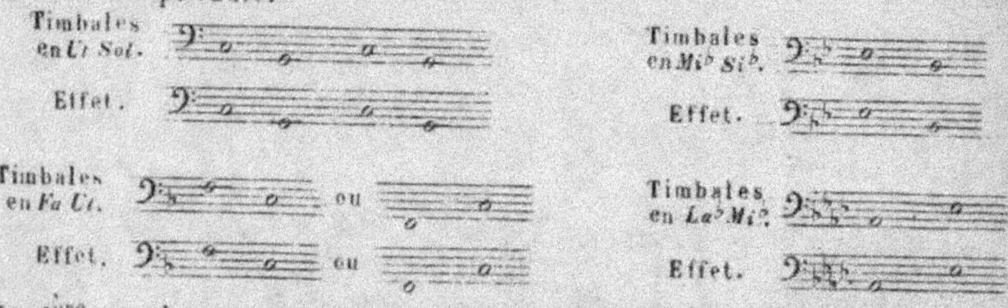

La 1ʳᵉ manière avait un autre inconvénient elle forçait à ne donner aux timbales que la tonique et la dominante. C'est, le plus souvent, les notes qu'on leur donne; mais on peut très bien leur donner d'autres accords; *Fa-La, Fa-Si, Fa-Ré♭ Fa-Fa,* &
C'est du reste ce qui a lieu forcément, lorsqu'on emploie plus de deux timbales.

Les timbales ne peuvent se faire entendre que dans un harmonie renfermant leurs notes, autrement ils y aurait cacophonie. Cette condition est de rigueur dans le piano. Dans le forté, on peut négliger cette règle, mais bien que Rossini en ait donné l'exemple, il vaut mieux ne pas faire entendre leurs notes dans une harmonie étrangère. Ce qui rend cette règle négligeable dans le forté, c'est que les timbales rendent un son d'autant plus appréciable qu'elles sont blousées (1) moins fort, et qu'il l'est d'autant moins qu'on les blouse plus fort.

Les timbales se blousent avec deux baguettes. Ces baguettes sont de deux espèces, les une à tête de bois rendent un son sec, on les emploie dans les marches, et dans les morceaux brillants; les secondes à tête recouverte d'éponge rendent un son doux et moelleux beacoup plus appréciable que celui obtenu avec les premières baguettes.

les baguettes à tête d'éponge doivent naturellement s'employer dans des situations tôutes différentes de celles qui demandent des baguettes à tete de bois.

On obtient encore un autre effet en voilant les timbales. On assombrit ainsi beaucoup le timbre des timbales. Cet effet doit être indiqué à la partition et à la partie séparee; on doit aussi indiquer l'orsqu'on veut que l'effet cesse:

Timbales voilées ou voilez les timbales.

otez les voiles.

Le son des timbales est sourd; dans le piano; il a beaucoup de rapport avec le pizicato piano de la contre basse (*à cordes*).

Comme tous les instruments de percussion les timbales ne peuvent soutenir le son; il y a pourtant une différence entre les notes tenues et les notes détachées:

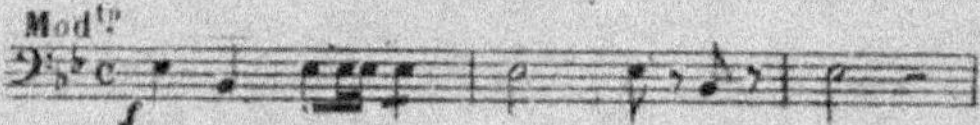

Lorsque l'on veut que la timbale cesse de vibrer après le coup de baguette on l'indique en écrivant au dessous: *étouffez le son*, ou en abréger: *étouff:* Si après on veut que la timbale vibre bien, on ecrit: *vibrato*.

Pour étouffer le son de la timbale, on appuie la main sur la peau de l'instrument.

Tout ce qui s'exécute sur les instruments à vent (comme rythme) au moyen du coup de langue, peut également exécuter sur les timbales.

Le trémolo y produit très bon effet. Dans le trémolo les timbales peuvent nuancer le son depuis le pianissimo jusqu'au fortissimo et réciproquement.

Le trémolo s'indique ainsi.

Timbale en *Fa Ut*  L'effet est le même

Dans cet exemple, le mouvement est allegro vivace, les doubles croches suffisent pour produire l'effet de trémolo; mais si le mouvement était andante, il faudrait écrire des triples croches et s'il était adagio des quadruples ou même des quintuples croches. En écrivant des doubles croches dans un adagio ou un andante, le timbalier exécutant rigoureusement des doubles croches l'effet en serait d'une lourdeur et d'une platitude détestables, et ne produirait nullement l'effet de trémolo.

Bien que les timbales puissent jouer dans toute harmonie contenant leurs notes, il ne faut pas en abuser. Elles produiront d'autant plus d'effet qu'on en usera avec plus de ménagement.

Les timbales sont fort utiles dans les fanfares et musique d'harmonie; car elles sont seules, avec les caisses claires et roulantes capables de produire l'effet de trémolo.

Les timbales peuvent sauter la résolution de la septième, mais il faut que cette résolution soit opérée ailleurs.

---

(1) Blouser est le terme technique signifiant: jouer des timbales.

Les timbales n'ont jamais été employées dans les musiques régimentaires d'infanterie: elles sont d'un déplacement trop peu facile et ne pourraient être jouées en marchant et on sait que les musiques de régiment doivent jouer en marche. On s'en servait dans les fanfares de cavalerie au nombre de deux que l'on plaçait de chaque côté du cheval.

Quant aux sociétés civiles, elles pourraient fort bien les employer, car elles ne sont pas obligées de jouer en marchant.

Qualités du timbalier. — Le timbalier doit être bon musicien. Il doit bien compter ses silences, car une partie de timbales blousé sans mesure peut produire un effet déplorable. Il doit avoir l'oreille très juste, car il est souvent obligé de changer le ton de ses timbales pendant que les autres musiciens modulent et il est obligé de le faire assez rapidement.

Le compositeur, lorsqu'il fait changer l'accord des timbales, doit laisser au timbalier un silence assez long, pour accorder ses timbales dans le noveau ton.

Le timbalier doit posséder une grande souplesse et une grande énergie dans les poignets pour bien exécuter les trémolos qu'il doit savoir nuancer.

LA CAISSE ROULANTE.

Cet instrument est plus long que le tambour dont il a la forme et est en bois. Son timbre est plus sourd. Tout ce qui peut se faire sur les timballes comme rythme est également exécutable sur la caisse roulante. Comme elle n'a pas de son appréciable, on peut la noter avec n'importe quelle clef et avec n'importe quelle note, mais on prend une note autre que celles données par les timbales. On peut pour la même raison l'employer dans n'importe quel accord.

LA CAISSE CLAIRE OU TAMBOUR.

Cet instrument ne diffère du précédent que par sa forme plus courte, et aussi par la matière dont il est formé, il est en cuivre jaune c'est ce qui lui donne son timbre beaucoup plus clair. Ce timbre est rendu encore plus éclatant par deux petites cordes en boyau tendues sous la face inférieure du tambour; cet appareil s'appelle timbre. Supprimez le timbre et vous avez presque une caisse roulate.

La caisse claire peut exécuter les mêmes parties que la caisse roulante; mais il ne faut pas la lui substituer, car le timbre n'est plus le même.

On ne peut remplacer les timbales par la caisse roulante, et encore moins par la caisse claire, non seulement à cause de la différence de timbre, mais encore parce que ces deux instruments n'ont pas de son appreciable.

Le tambour s'emploie dans les musiques militaires dans les marches, retraites, pas redoublés et dans les morceaux brillants.

Je crois inutile d'ajouter qu'il sert aux manœuvres des régiments d'infanterie.

LA GROSSE CAISSE.

C'est un grand tambour. On la frappe d'un côté avec une grosse baguette appelée tampon et de l'autre avec des lanières, à moins qu'on ne place les cymbales sur la grosse caisse. Dans ce cas la main droite manœuvre le tampon et la main gauche la cymbale libre.

La grosse caisse ne peut donner que des coups isolés qui ne doivent pas être trop rapprochés pour qu'il produisent bon effet et pour que l'exécutant puisse les frapper bien en mesure.

La grosse caisse n'ayant pas un son appréciable, on peut la noter comme l'on veut!

On la note généralement en clef de *Fa*.

Il ne faut pas en abuser, car, comme tous les instruments de percussion (et plus encore que les autres), elle ne produit bon effet que si on la traite avec modération.

Il n'est pas non plus nécessaire de ne l'écrire que dans le forte. Elle peut produire un excellent effet dans le pianissimo. C'est ce que n'ont pas compris beaucoup de compositeur de musique militaire. On s'en sert souvent dans le pianissimo pour imiter les coups de canon dans le lointain.

Celui qui joue la grosse caisse doit avoir de la vigueur, bien compter et ne pas jouer trop fort pour ne pas couvrir les autres instruments.

LES CYMBALES

Les cymbales sont deux disques en cuivre jaune que l'on frappe l'un contre l'autre. Il ne rende pas un son appréciable. Pour les bien faire vibrer il faut les frapper par les bords.

Quelques compositeurs écrivent les cymbales avec la clef de *Sol*, d'autres avec la clef de *Fa*

On a pris, pour faire un économie d'exécutant, la détestable habitude de fixer une des cymbales sur la grosse caisse; on la fait vibrer en la frappant avec l'autre cymbale. La main droite de l'artiste manœuvre le tampon de la grosse caisse, tandis que sa main gauche tient la cymbale libre. Ce système a l'inconvénient d'amoindrir beaucoup la sonorité des cymbales.

Il ne faut pas abuser des cymbales; on ne doit pas non plus se croire obligé de ne les employer que dans le forte.

LE TRIANGLE.

C'est un instrument, qui comme son nom l'indique, a la forme triangulaire. Il a un son argentin qui peut produire fort bon effet, lorsqu'on sait l'employer à propos.

Quelquefois on l'écrit sur la même portée que le tambour.

Les cymbales et le triangle se note généralement en clef de *Sol*, lorsqu'on leur donne des portées séparées.

LE CHEF DE MUSIQUE.

Il ne suffit pas pour être bon chef de musique de bien s'avoir jouer d'un instrument.

Le chef de musique doit être bon lecteur, bien posséder la science de l'harmonie et connaître à fonds l'instrumentation, afin de pouvoir corriger les fautes de gravure qui se glissent dans les meilleures éditions et savoir quel degré de difficulté contiennent les parties du morceau qu'il donne à étudier. Il doit en outre être excellent musicien. Qu'il s'abstienne en battant la mesure, de frapper son pupitre du baton; c'est un bruit fort désagréable. Il ne doit le faire que dans les passages difficiles pour rappeler son orchestre au sentiment de la mesure. Si son orchestre se trompe en public, il doit éviter de laisser voir son mécontement, mais aux répétitions, au contraire, il ne doit laisser passer aucune faute, soit de mesure, soit de style.

Je ne saurais trop recommander les répétitions partielles. Lorsqu'elles vont bien, les répétitions d'ensemble qui les suivent ne tardent pas à bien marcher.

Il est indispensable que le chef ne joue d'aucun instrument, car son attention serait partagée entre l'exécution de sa partie et le reste de l'exécution générale et il donnera à celle-ci beaucoup moins d'attention que s'il n'a à s'occuper que d'elle. Il ne doit pas diriger avec une partie ou même avec une partition réduite, car il ne peut être certain si tous exécutent exactement leur partie et s'il reprend l'un deux, il s'expose à s'attirer des reproches.

= Qu'en savez-vous = Il doit donc toujours diriger avec la grande partition.

La disposition de l'orchestre en cercle est vicieuse. Les musiciens doivent être en face de leur chef, disposés soit sur plusieurs lignes droite soit en forme de demi-cercle. Le chef doit avoir son pupitre assez bas pour que l'orchestre puisse voir son visage: ce sont ses gestes et l'expression de sa physionomie qui transmettent ses impressions.

Le chef de musique doit surveiller avec soin les rentrées. Un coup d'œil jeté à l'artiste peu avant une rentrée suffit pour qu'il la fasse avec soin.

H. Berlioz termine son traité d'Instrumentation par un chapitre intitulé: L'art du chef d'orchestre, chapitre que je ne saurais trop recommander à tous ceux qui veulent diriger des orchestres, fanfare ou sociétés d'harmonie.

DU NOMBRE DES DIVERSES INSTRUMENTS
DANS LA COMPOSITION DES ORCHESTRES MILITAIRES.

Voici comment sont composées en France les musiques régimentaires d'infanterie:

2 flûtes,	2 trompettes à cylindres en Mi^b,
2 petites clarinettes en Mi^b,	3 trombonnes ténors,
4 grandes clarinettes en Si^b,	2 saxhorns contraltos en Si^b,
2 hautbois,	3 saxtrombas altos en Mi^b,
2 saxophones soprani en Si^b,	2 saxhorns barytons en Si^b,
2 saxophones altos en Mi^b,	3 saxhorns basses en Si^b (4 cylindres),
2 saxophones ténors en Si^b,	1 saxhorn contrebasse en Mi^b,
2 saxophones barytons en Mi^b,	1 saxhorn contrebasse en Si^b grave;
2 cornets à pistons en Si^b,	1 caisse claire ou roulante,

1 grosse caisse et une paire de cymbales;
en tout 40 exécutans

Cette compostion n'est pas irréprochable, Les flûte les grandes clarinettes et les hautbois y sont en trop petit nombre, pour lutter contre une pareille masse d'ins.truments de cuivre, il faudra t au moins: 4 flûtes, 12 grandes clarinettes et 4 hautbois.

Les musiques régimentaires de cavalerie (actuellement supprimées) étaient ainsi composées:

1 petit saxhorn aigu en Si^b.	4 saxhorns basses en Si^b (4 cylindres),
1 petit saxhorn soprano en Mi^b aigu,	1 saxhorn contre-basse en Mi^b.
4 saxhorns contraltos en Si^b	1 saxhorn contre-basse en Si^b grave,
1 saxhorn alto en La^b	2 cornets à pistons.
3 saxtrombas altos en Mi^b	4 trompettes à cylindres.
2 saxhorns barytons en Si^b	3 trombonnes

Quant à la manière dont on dispose les parties dans la partition elle est celle a.doptée ci dessus dans l'énumeration des instruments composant les musique d'har.monie et fanfare.

FIN

www.ingramcontent.com/pod-product-compliance
Lightning Source LLC
LaVergne TN
LVHW010447060726
842527LV00005B/1732